반듯반듯 처음 쓰는

한글 단어

G 기탄출판

자음과 모음을 배워요

ㄱ 기역

ㄴ 니은

ㄷ 디귿

ㄹ 리을

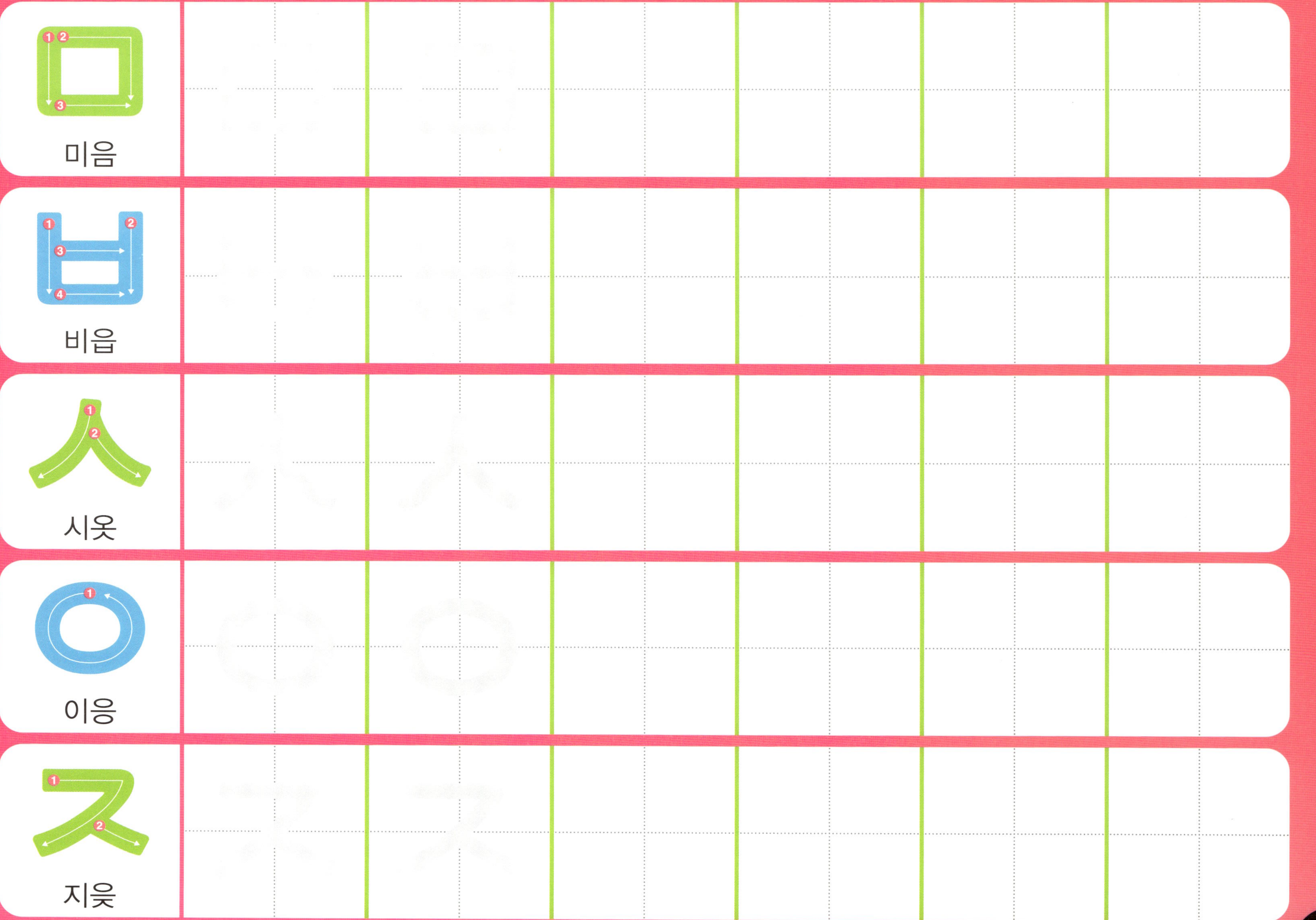

미음
비읍
시옷
이응
지읒

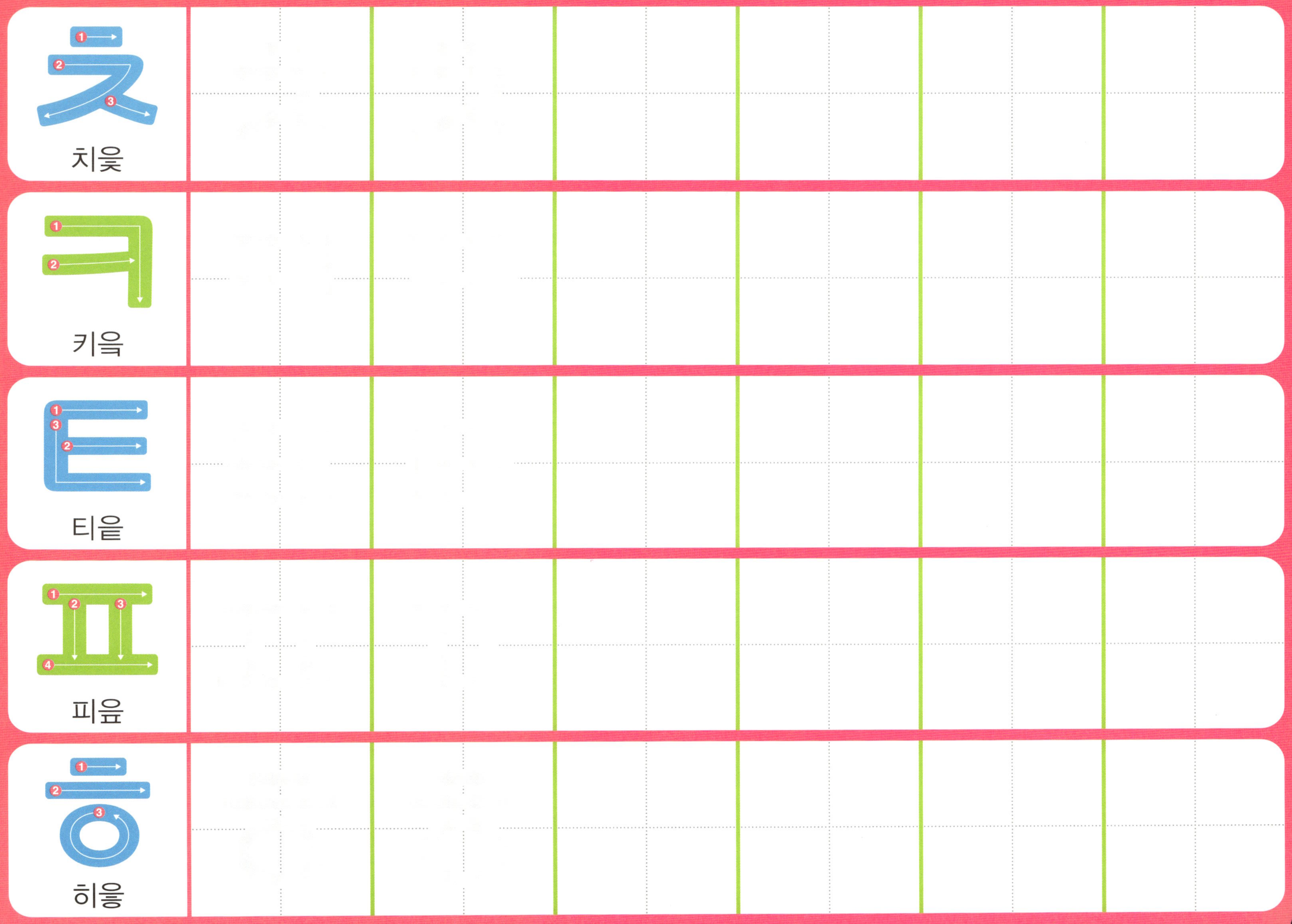
ㅊ 치읓
ㅋ 키읔
ㅌ 티읕
ㅍ 피읖
ㅎ 히읗

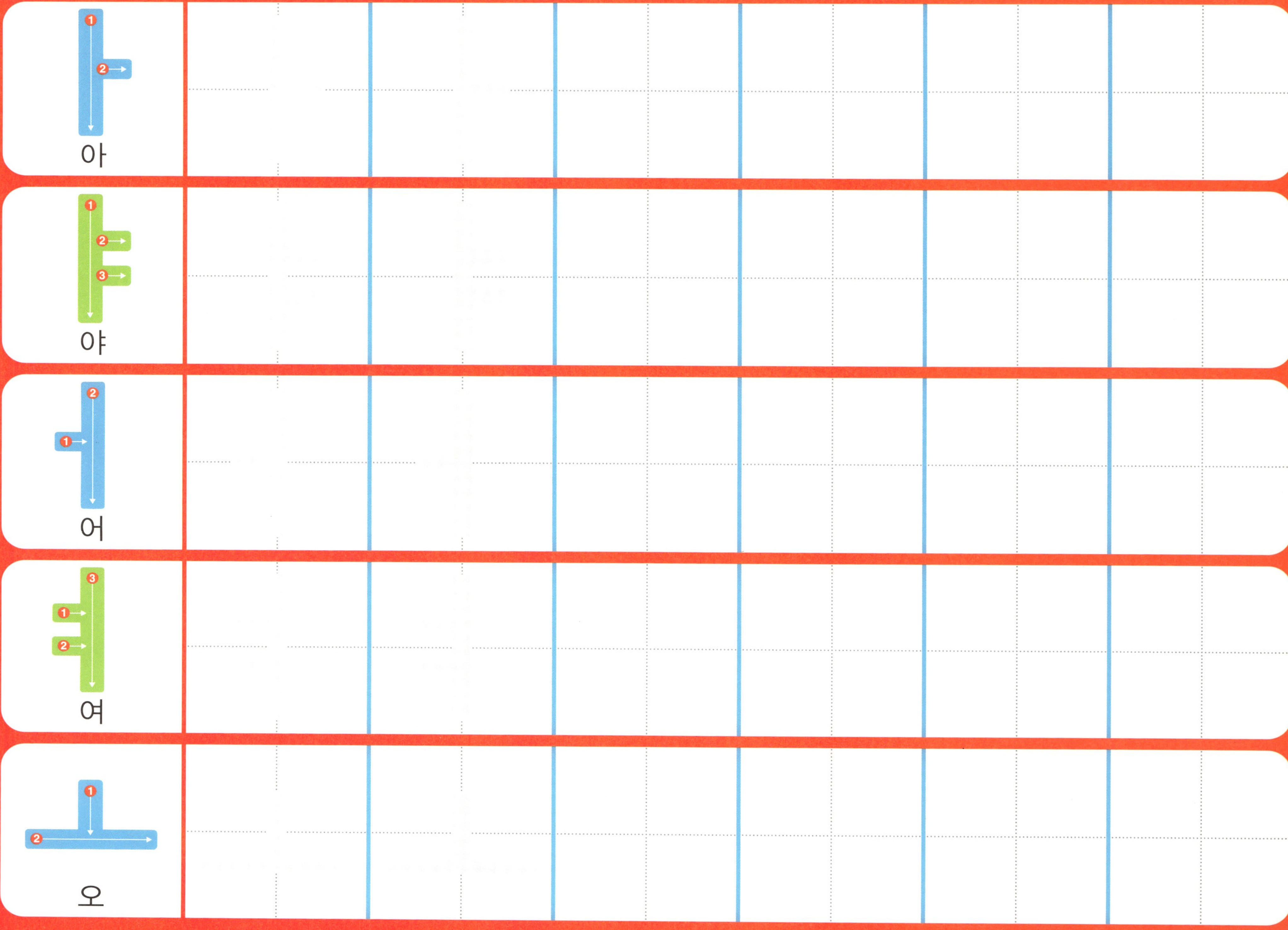
아
야
어
여
오

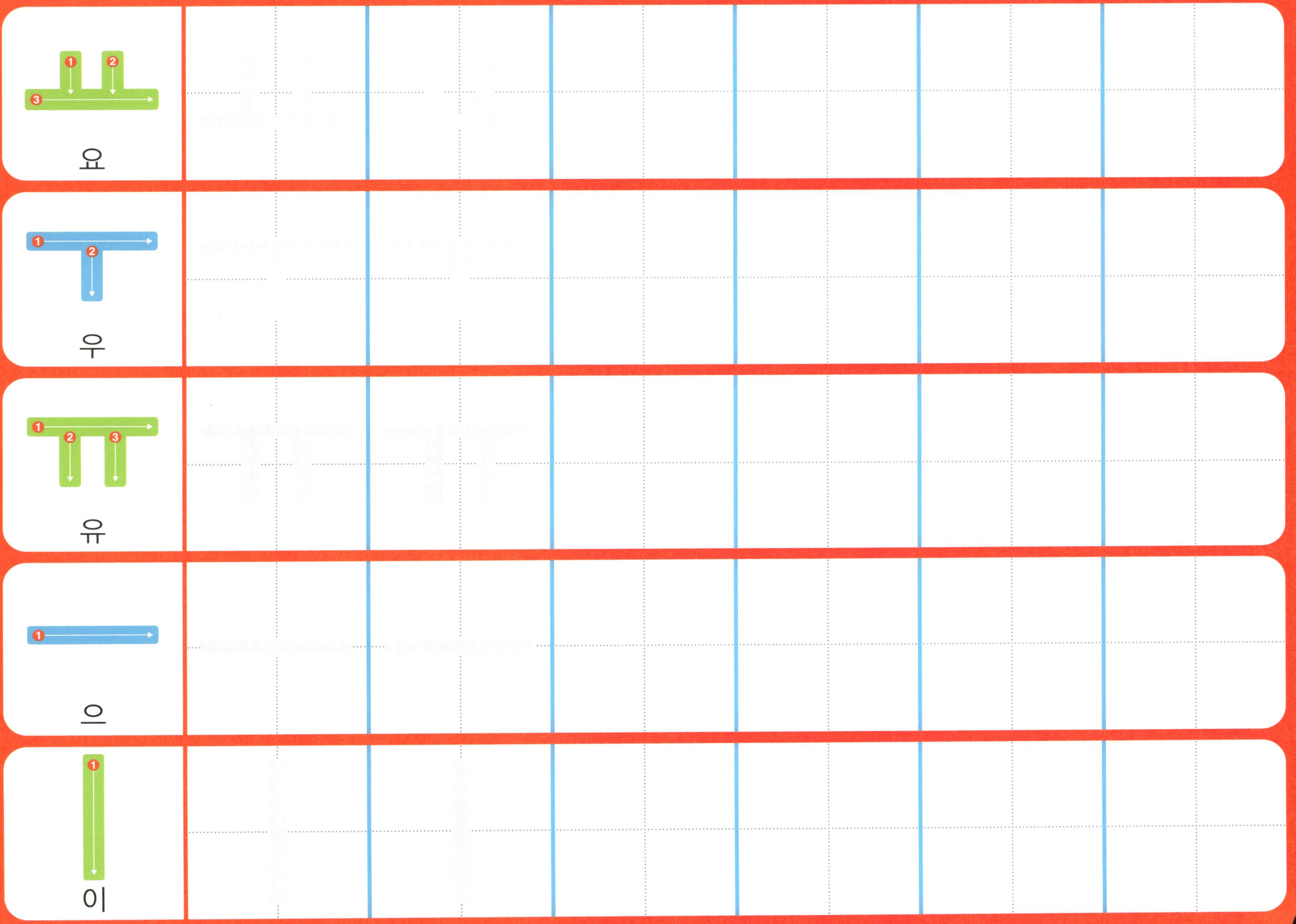

요
우
유
으
이

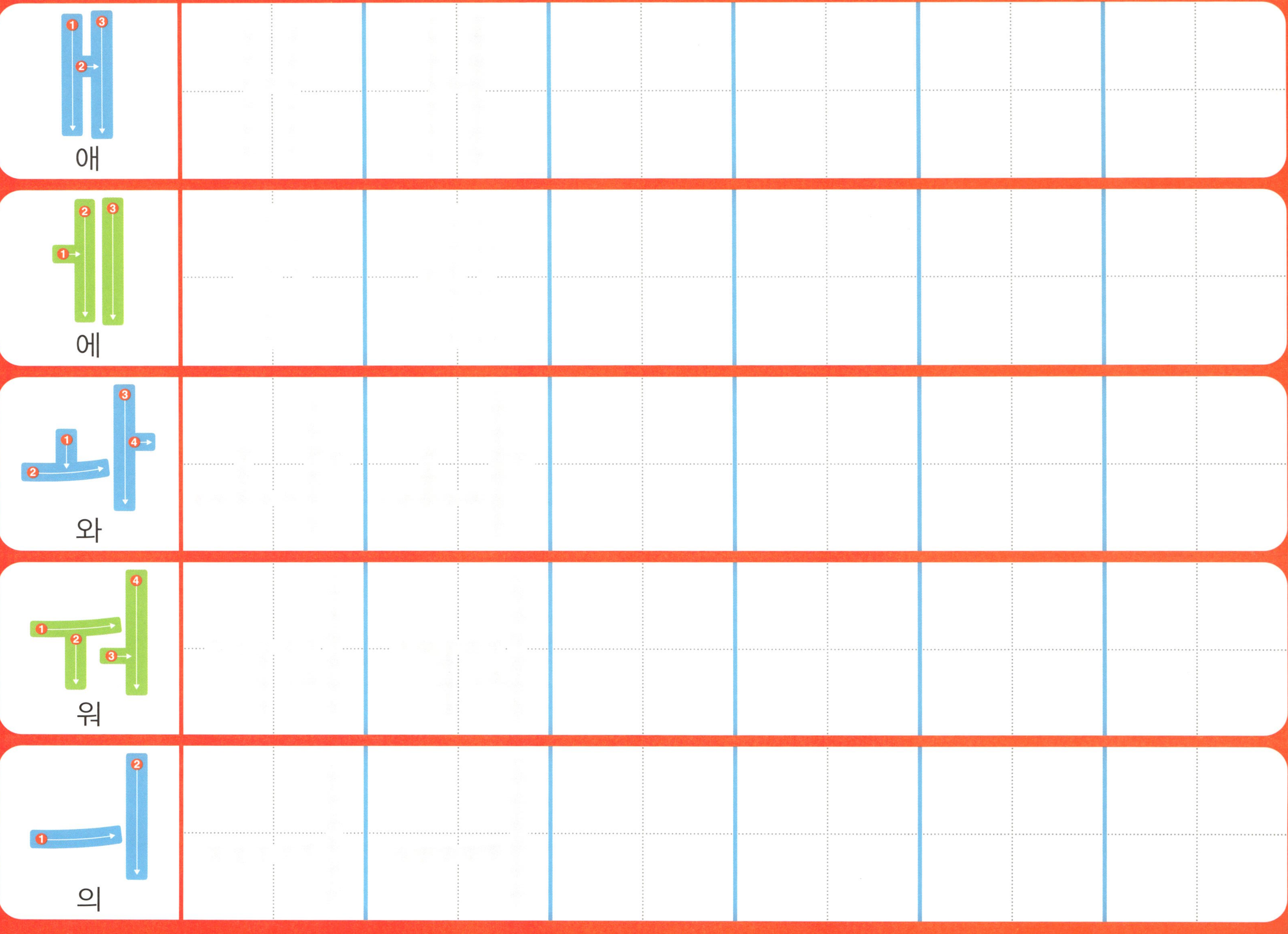

애
에
와
워
의

가 갸 거 겨 고 교

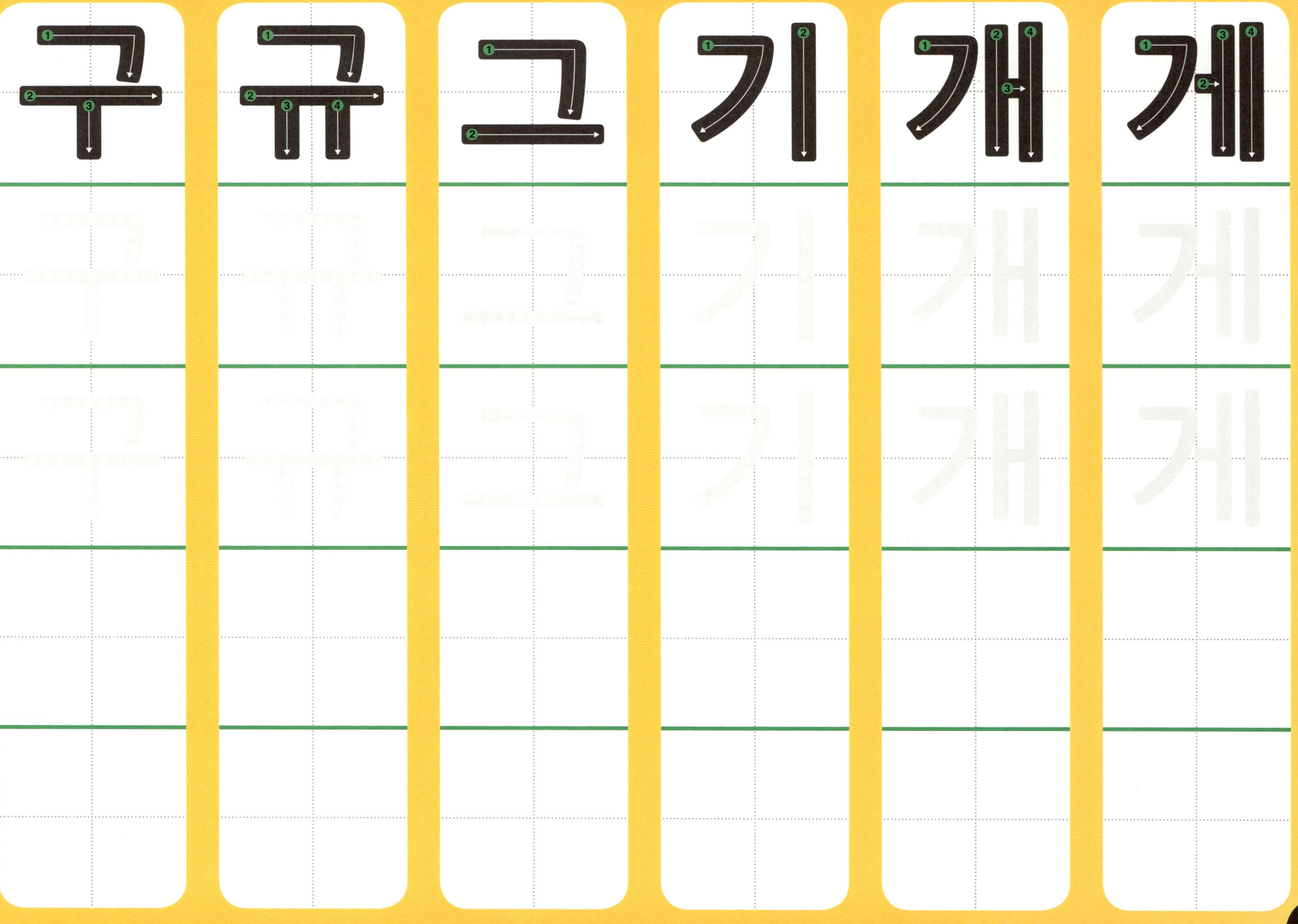
구 규 그 기 개 게

싹둑싹둑,
가위로 색종이를 오려요.

가위

ㄱ 기역
오르락내리락,
그네 타기는 재미있어요.
그 네

내가 캔 **고구마** 정말 맛있겠지요?

고구마

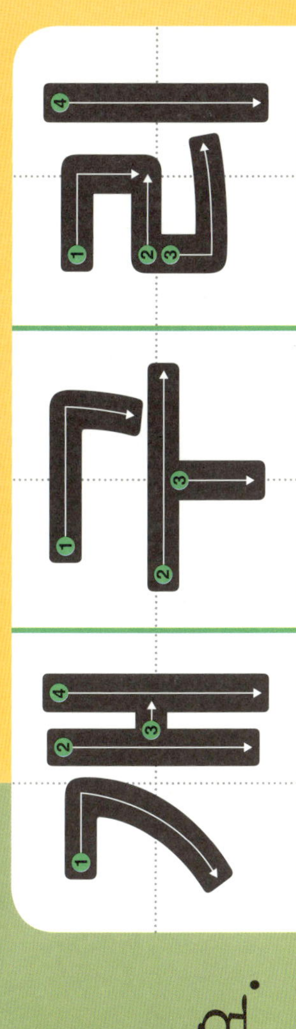

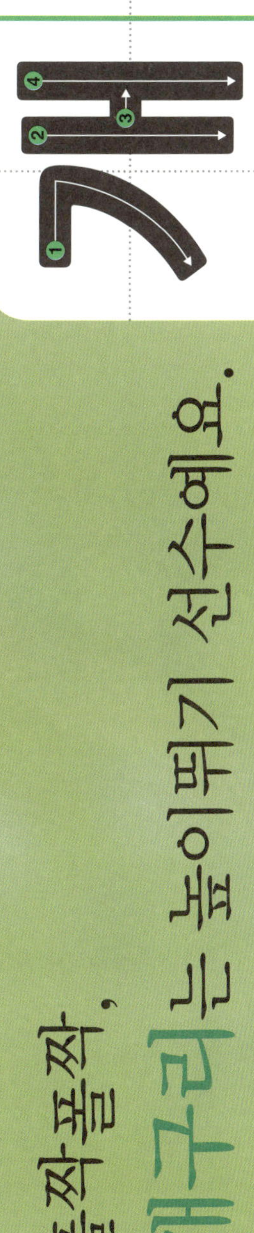

폴짝폴짝, 개구리는 놀이뛰기 선수예요.

ㄱ 기역

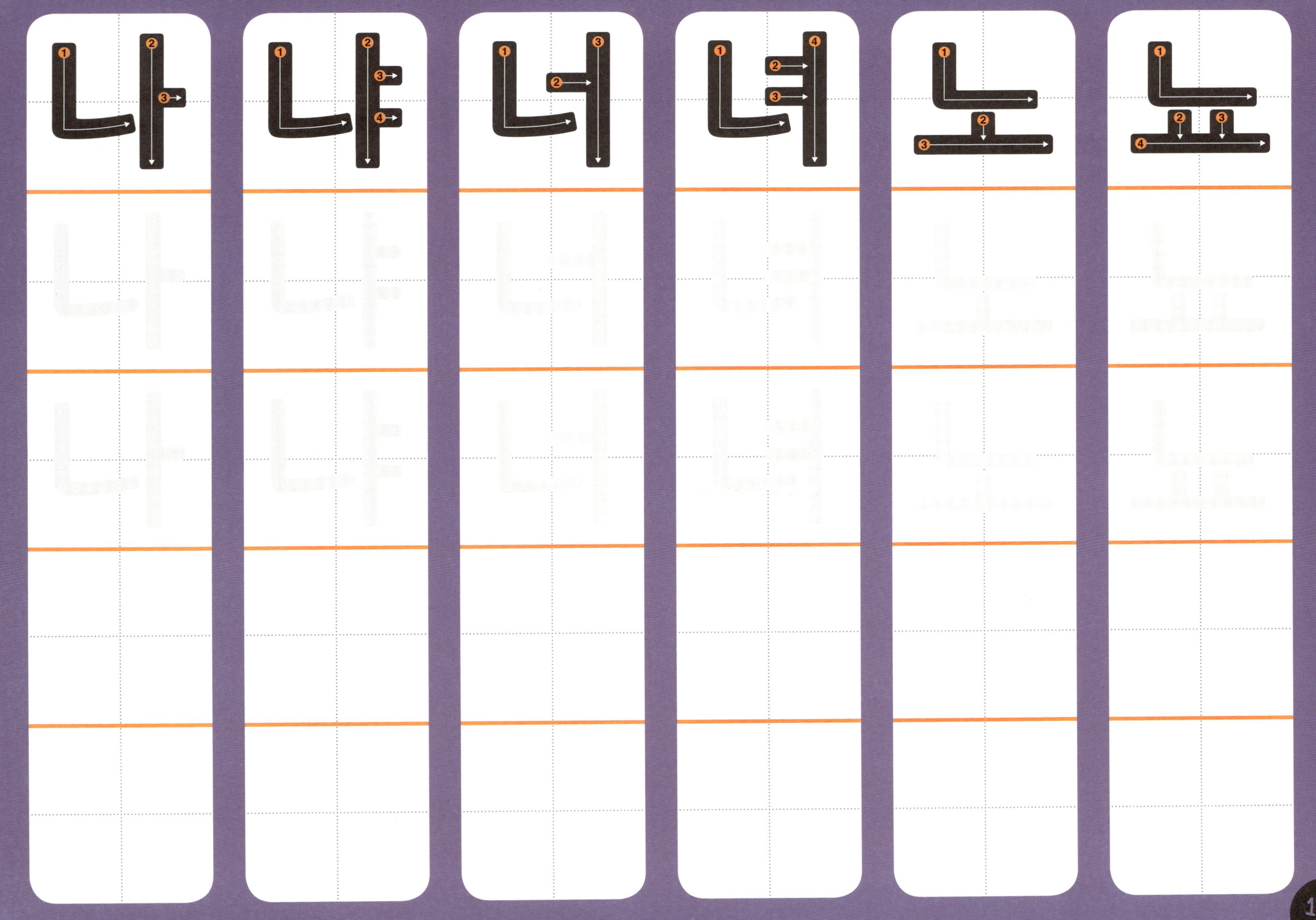
나 냐 너 녀 노 뇨

커다란 **나무**는
몇 살이나 되었을까요?

ㄴ
니은
예쁜 나비가
달콤한 꿀을 찾아왔어요.
나비

너구리

함
사
눈

ㄴ
니은

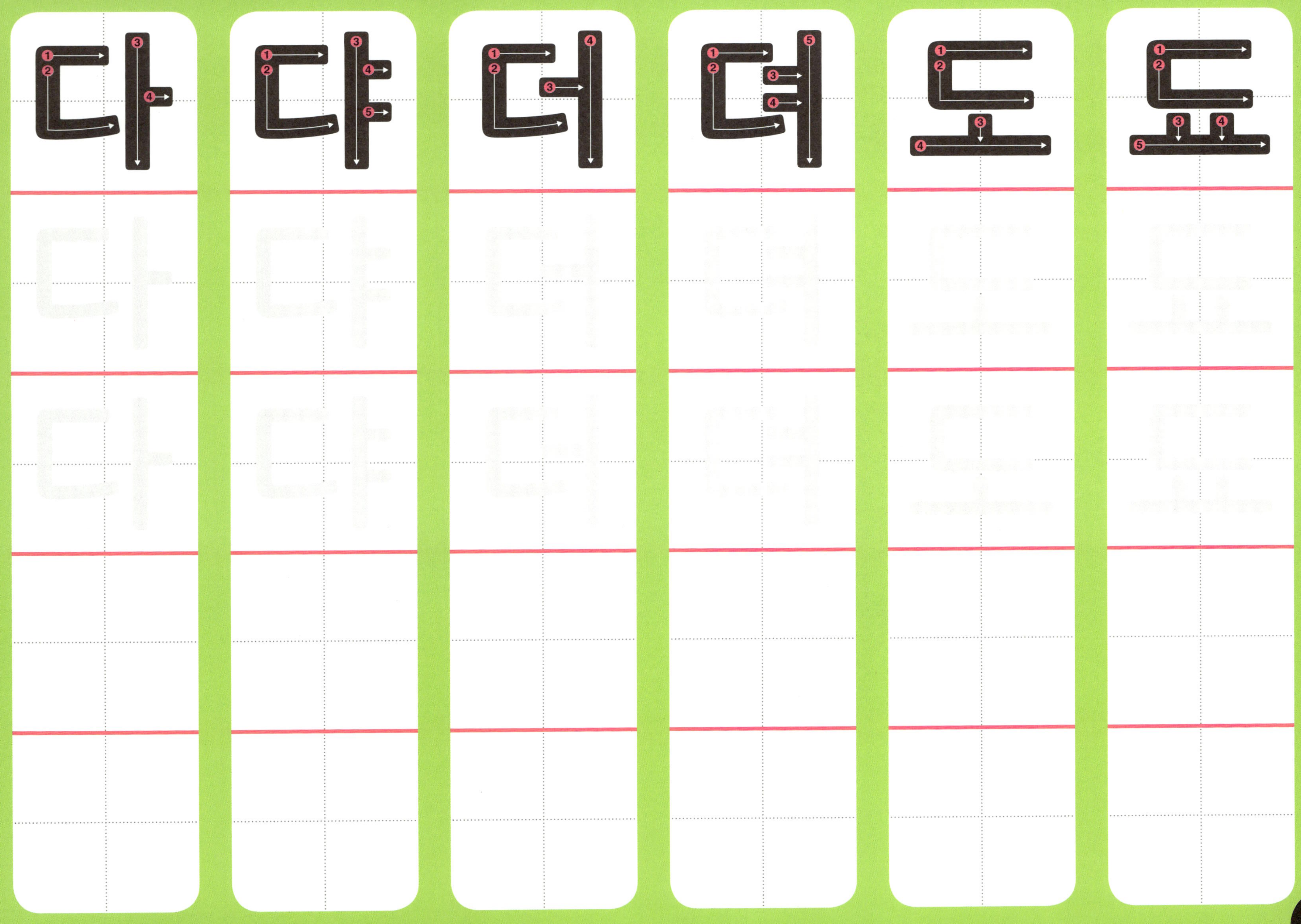
다 댜 더 뎌 도 됴

두 부

ㄷ 디귿
토실토실 돼지야,
멋진 모자 쓰고 어디 가니?
돼 지
23

ㄷ
디귿
다 리 미
뜨거운 다리미에서
하얀 김이 쉭쉭!

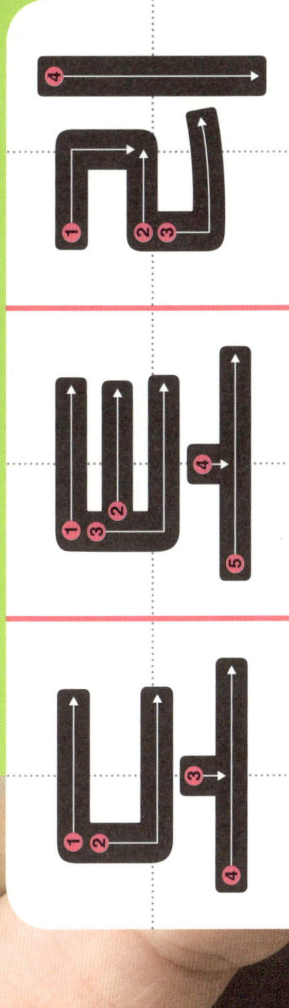

ㄷ 디귿
다람쥐야, 이리 와!
도토리 한 줌 나눠 줄게.

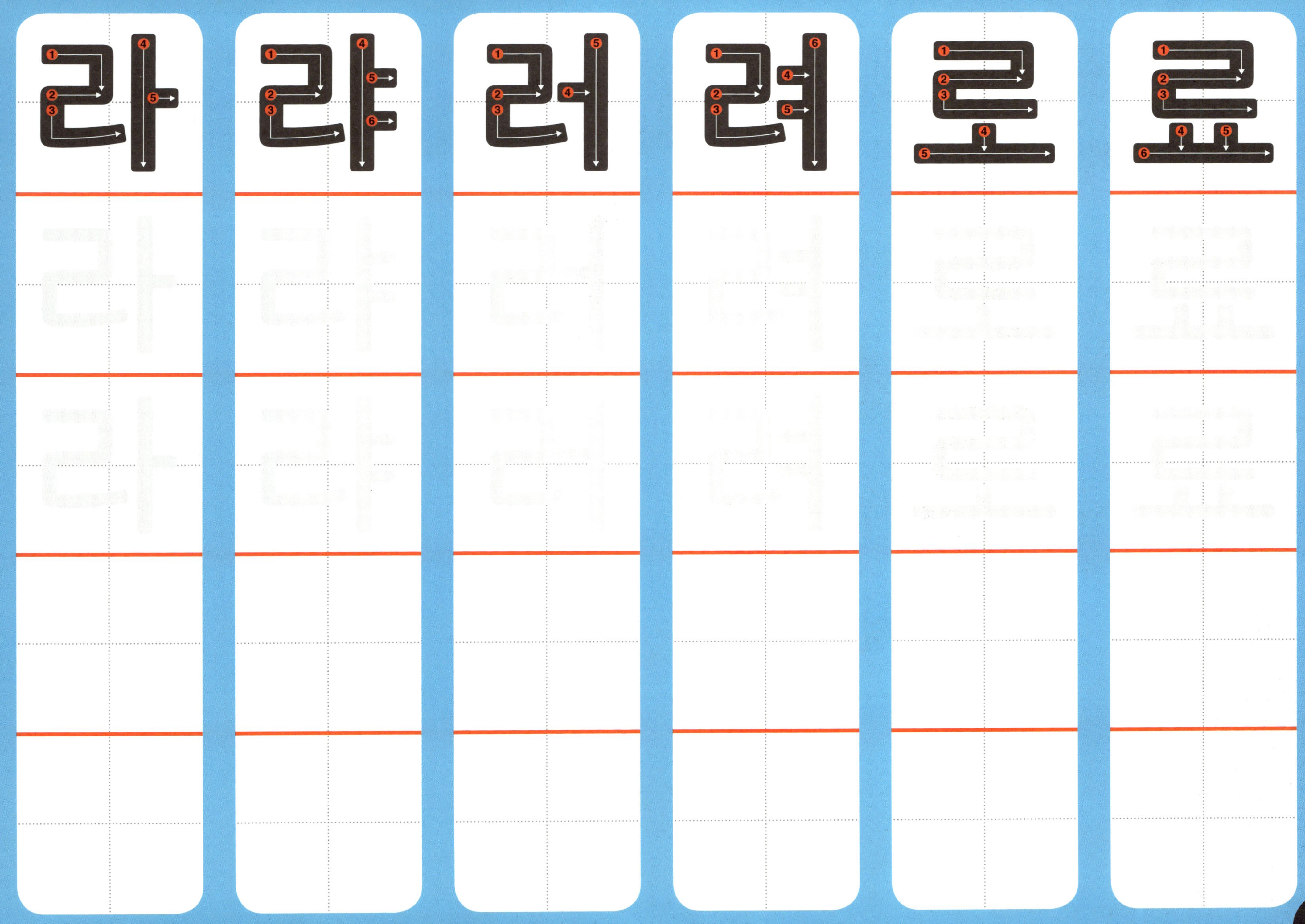

라
랴
러
려
로
료

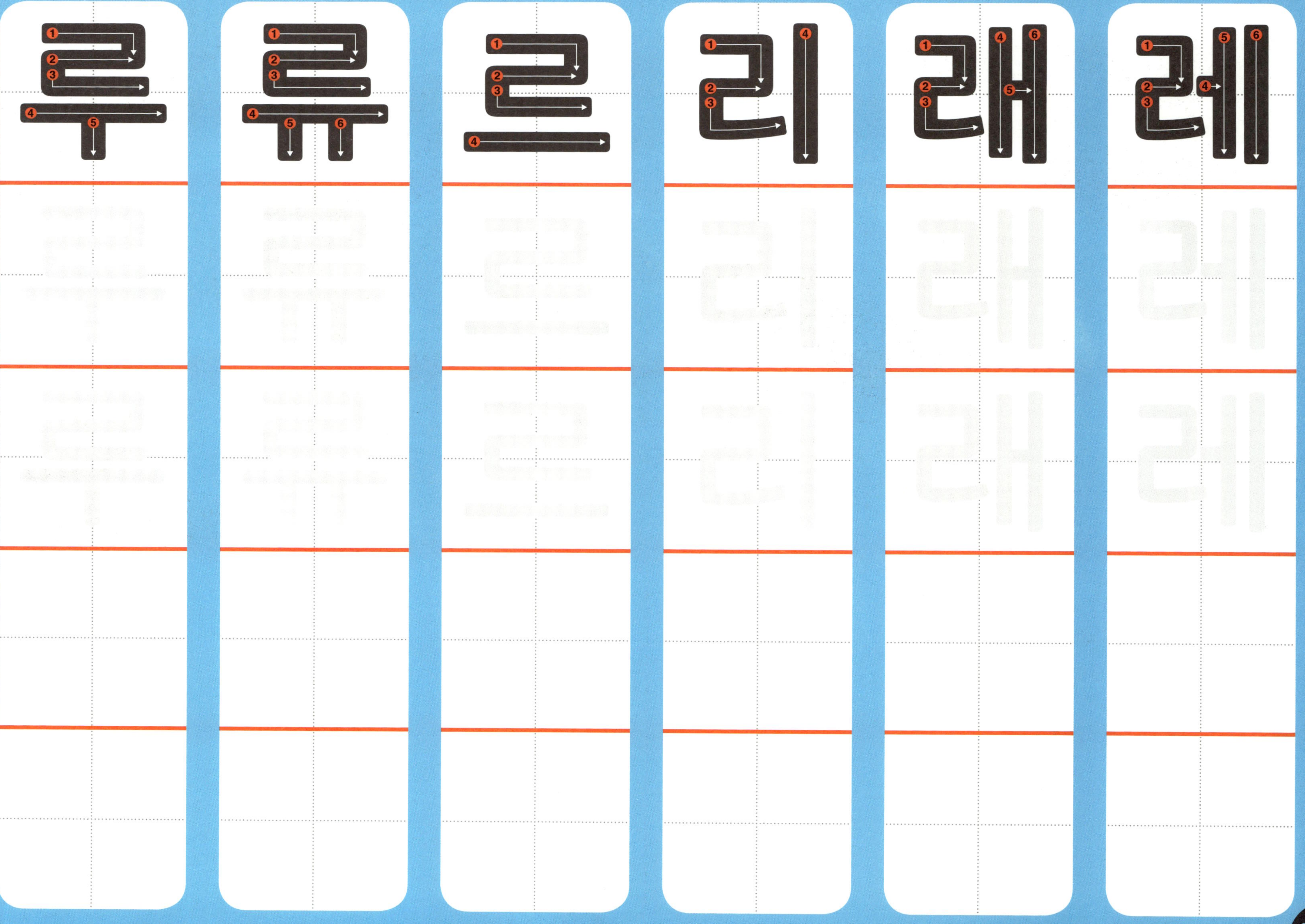

루 류 르 리 래 레

꼬불꼬불 **라면**을 후후 불어 먹어요.

라 면

용감하고 힘센 로봇
출동 준비 끝!

로 봇

2
리을
리 코 더
도레미!
리코더 연주는 참 재미있어요.
30

ㄹ
리을

레미콘

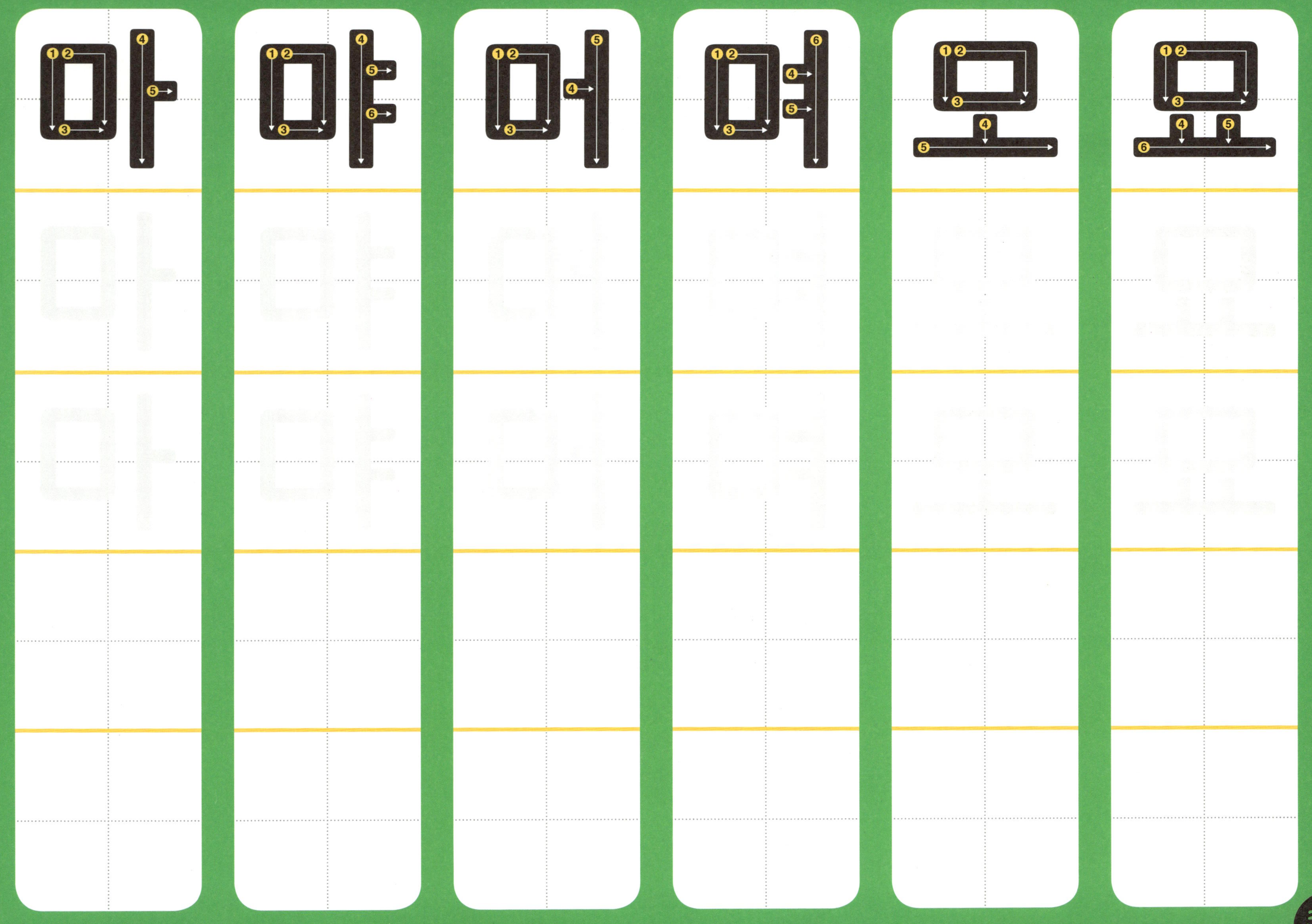
마
먀
머
며
모
묘

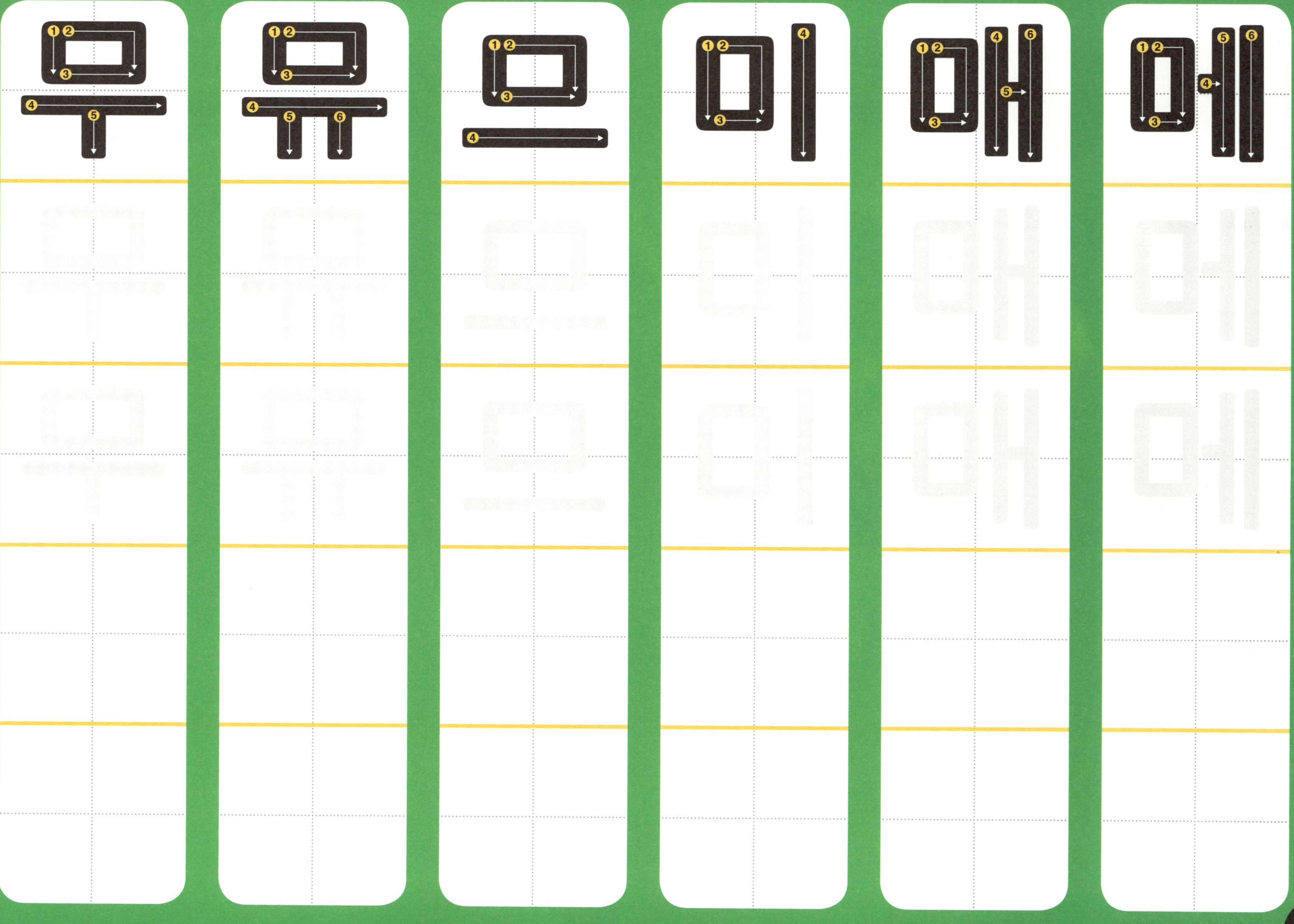
무
유
므
미
매
메

모 자

맴맴, 맴맴!
매미가 나무에 붙어
노래를 불러요.

매미 매미 매미

ㅁ
미음
마이크를 잡고
가수처럼 노래해 볼까요?
마 이 크
36

무지개

바 뱌 버 벼 보 뵤

부 뷰 브 비 배 베

ㅂ
비읍

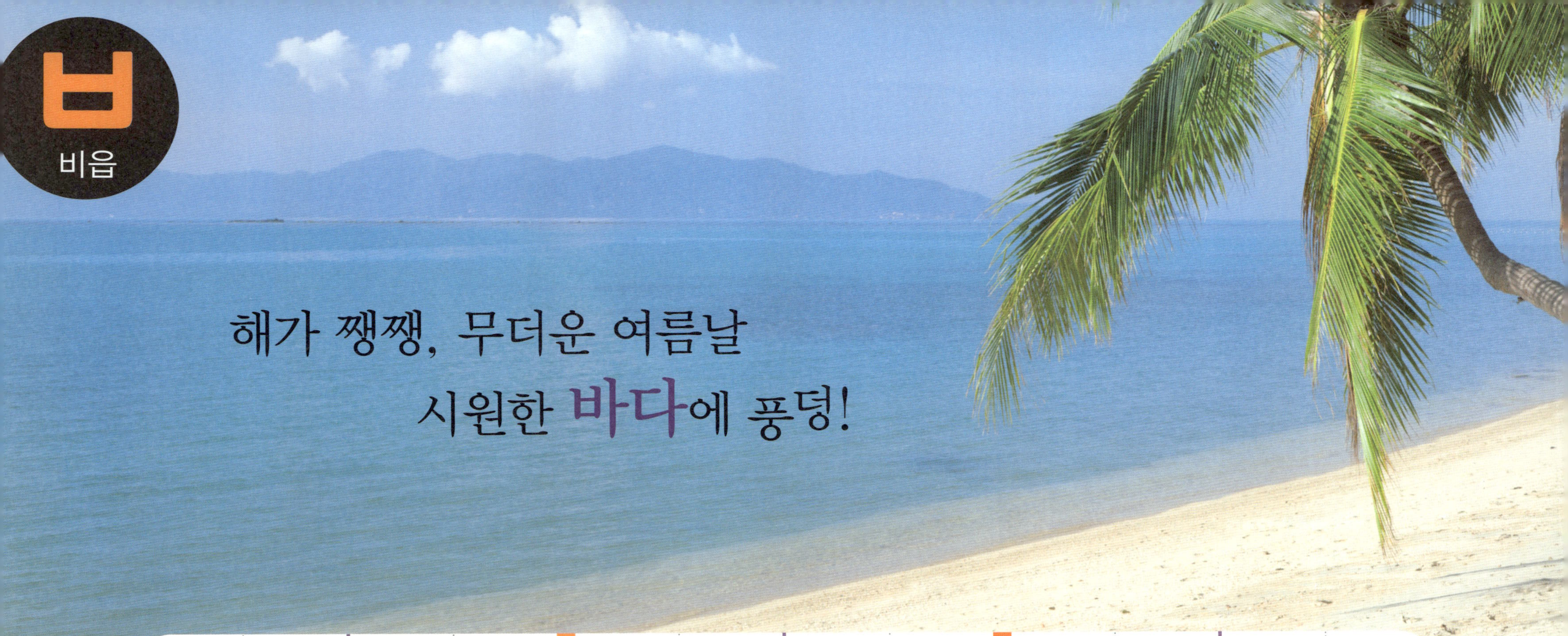

해가 쨍쨍, 무더운 여름날
시원한 **바다**에 풍덩!

바 다

ㅂ
비읍
노란 버스가 고속도로를 씽씽 달려요.
버스
41

ㅂ
비읍
바 나 나
길쭉길쭉 바나나를
뚝뚝 떼어 나눠 먹어요.

ㅂ
비읍

비행기

비행기를 타고
하늘로 높이높이 날아올라요.

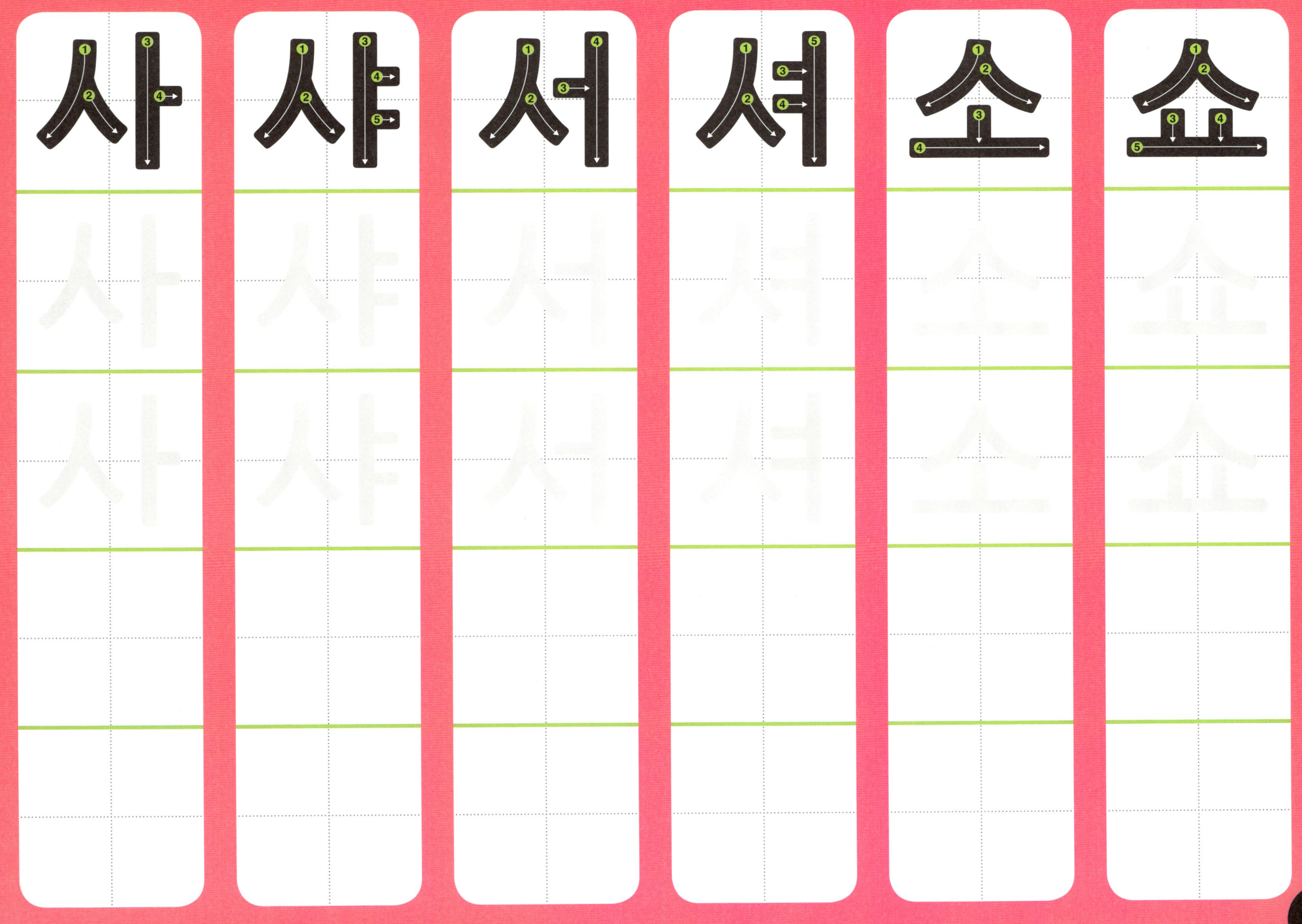

사 샤 서 셔 소 쇼

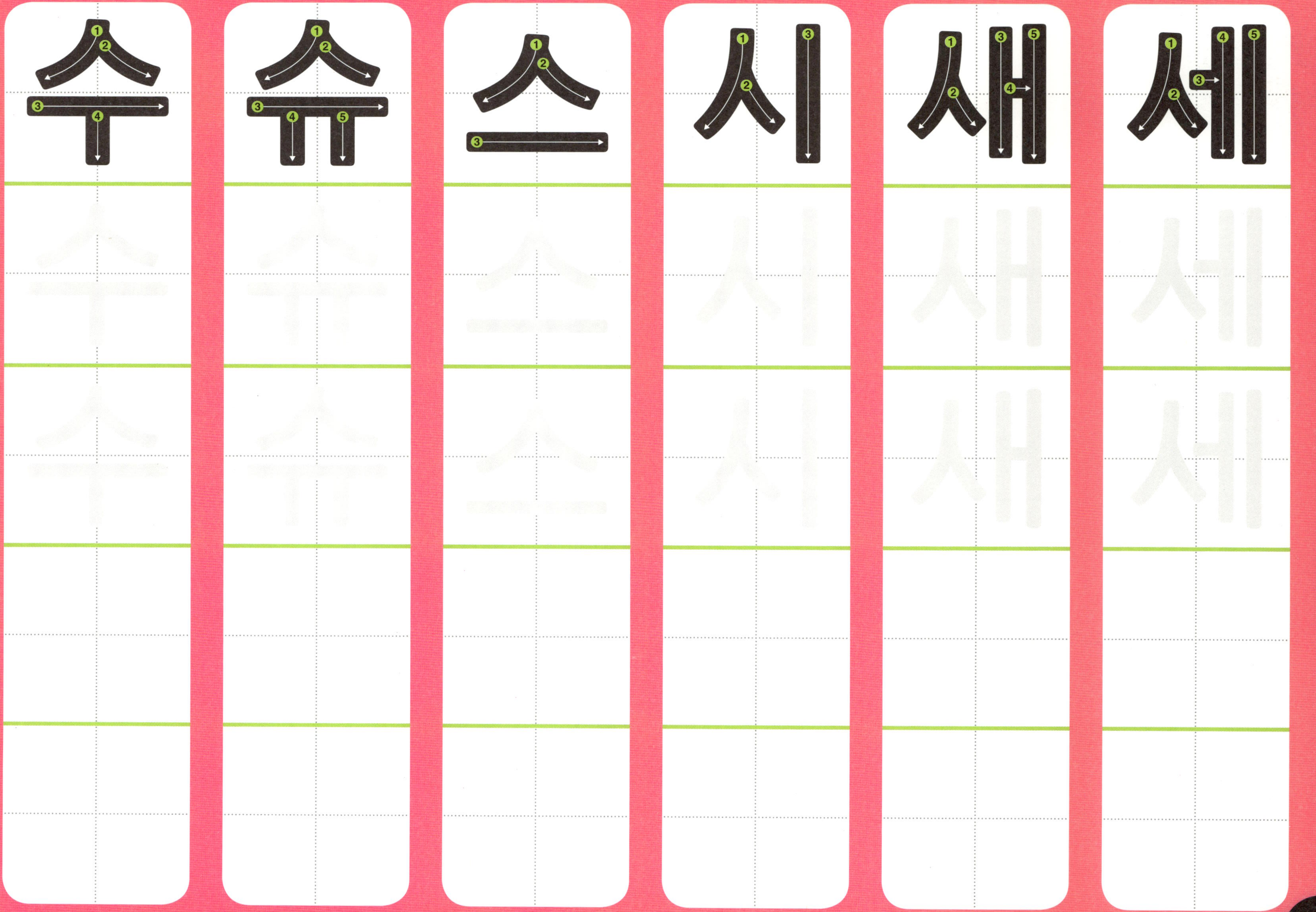
수 슈 스 시 새 세

사 자

ㅅ
시옷

부지런한 **시계**는
하루 종일 쉬지 않고
째깍째깍!

시계 시계 시계

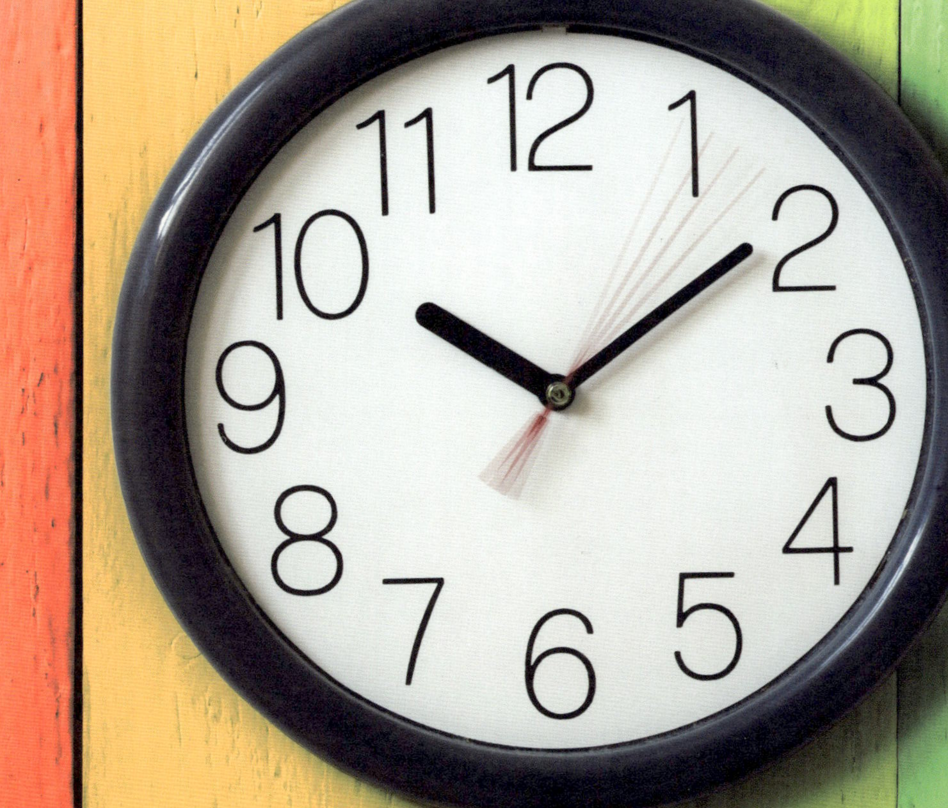

사 다 리

수영장

수영복과 튜브를 가지고
수영장으로 출발!

ㅅ 시옷

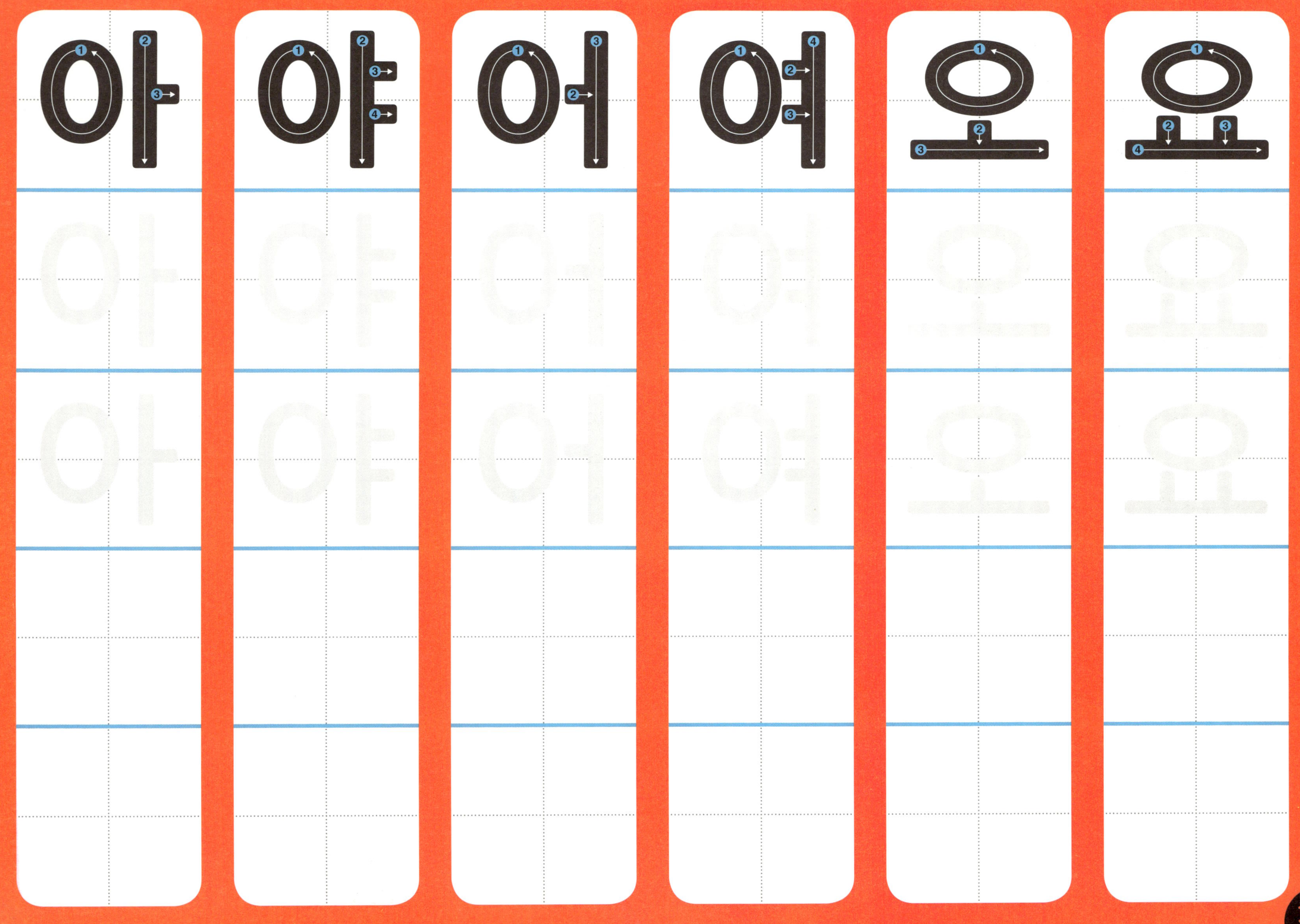
아 야 어 여 오 요

오리

ㅇ
이응
고소한 우유를 컵에 가득 따라요.
우유

ㅇ
이응
오징어
흐느적흐느적 오징어는
다리가 몇 개일까요?

츄
머
야

ㅇ 이응

아장아장 아기가
유모차 타고
나들이 왔어요.

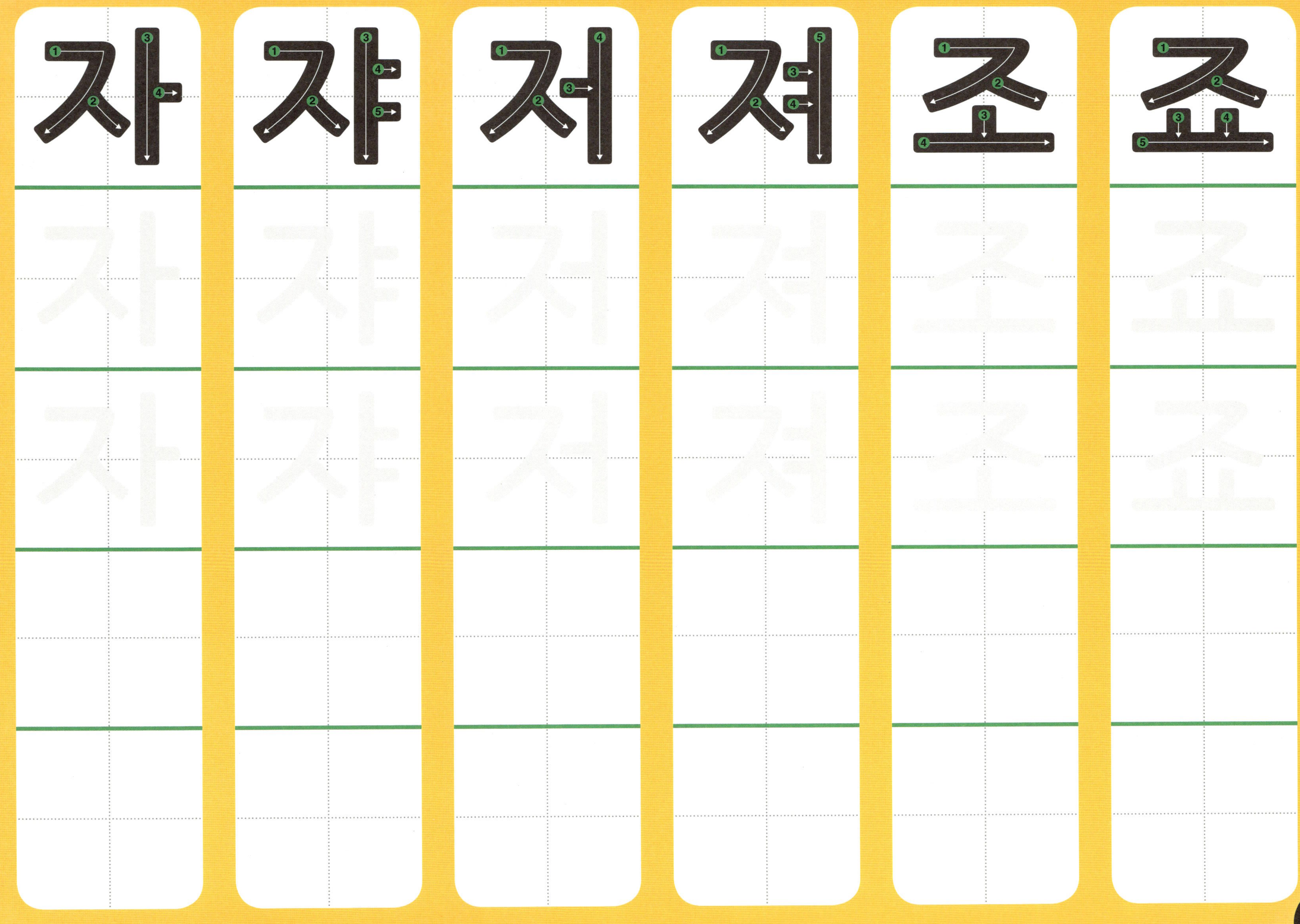

자 쟈 저 져 조 죠

ㅈ
지읒
쫄깃쫄깃 싱싱하고
맛 좋은 조개 사세요!
조 개

지도를 자세히 보고
길을 찾아요.

지도

자 전 거

ㅈ 지읒

주사위

자 쟈 저 져 초 죠

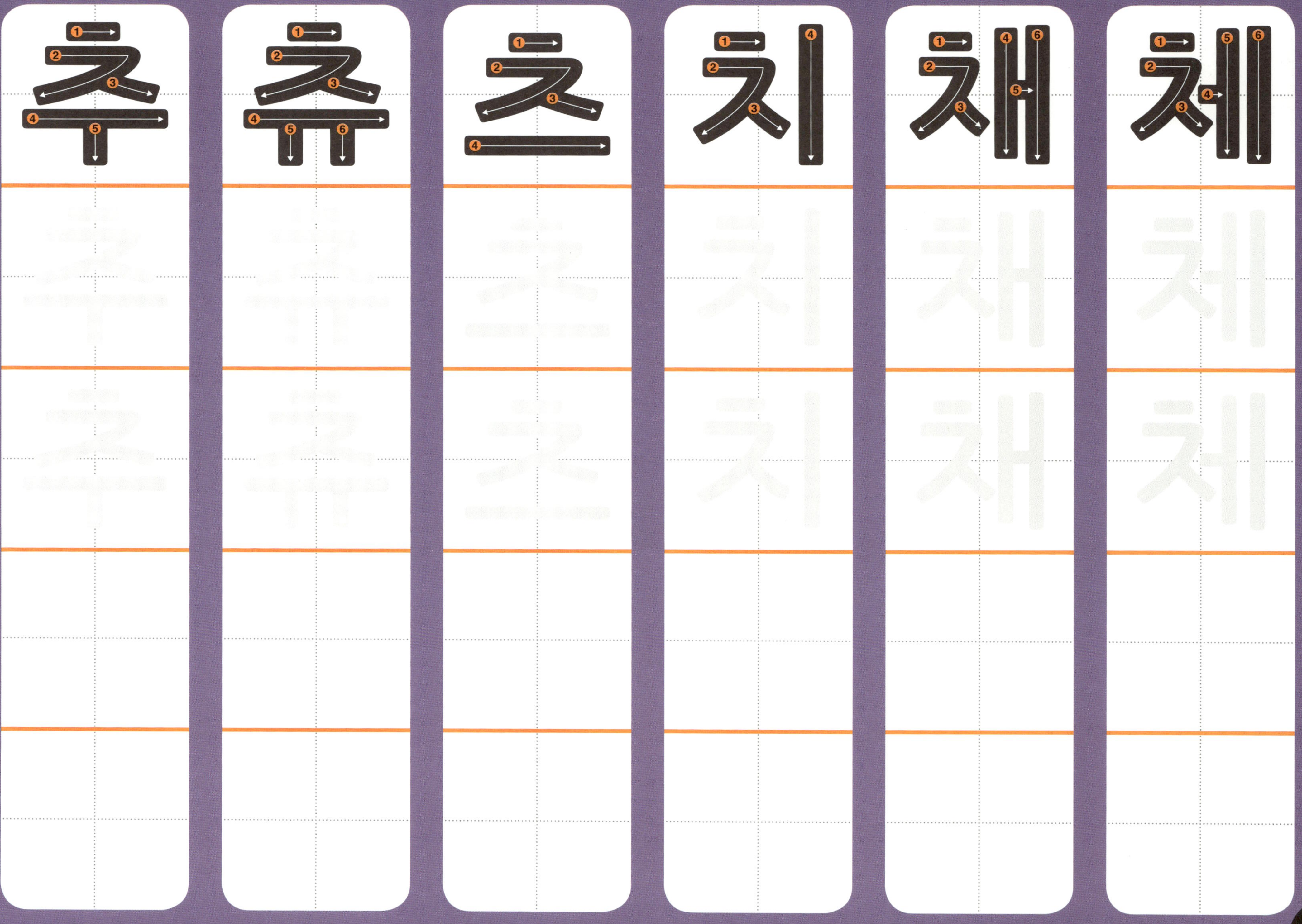
주
츄
츠
지
재
체

예쁜 **치마**를 입은
내 모습이 꼭
공주님 같지요?

ㅊ
치읓
아삭아삭,
몸에 좋은 채소가 한가득!
채소
채소
채소

깜깜한 밤하늘에
눈썹 같은 초승달이
둥실 떠올랐어요.

졌

쩨

처

달콤한 초콜릿이 입안에서 사르르 녹아요.

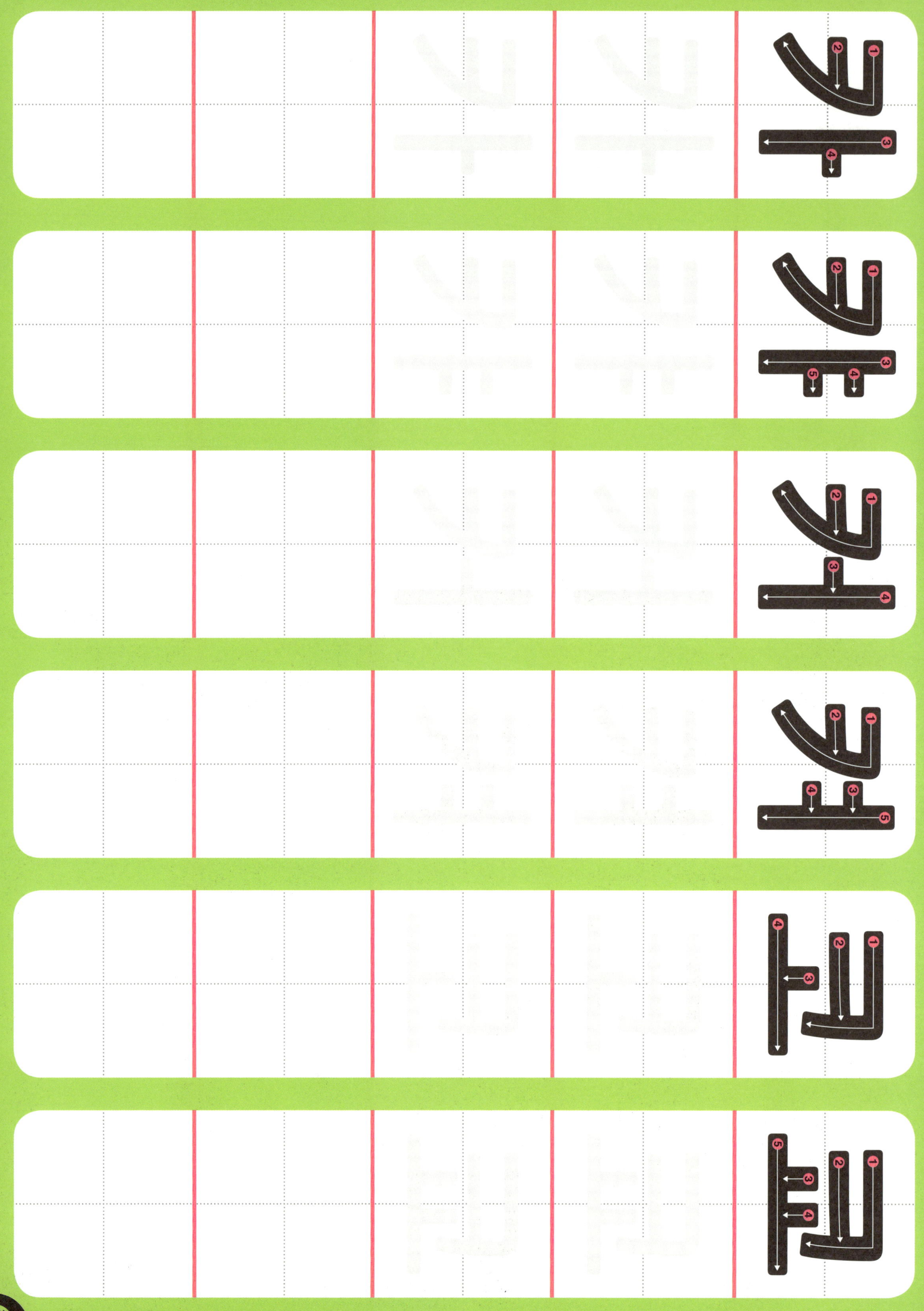

매콤한 카레에 쓱쓱 비벼
밥 한 그릇 뚝딱!
카 레

ㅋ
키읔
까슬까슬 키위 속에
까만 씨가 콕콕!
키위

찰칵!
카메라에 어떤 모습이
찍혔을까요?

카 메 라

ㅋ 키읔

덩치 큰 **코끼리**가
어슬렁어슬렁 걸어가요.

코끼리

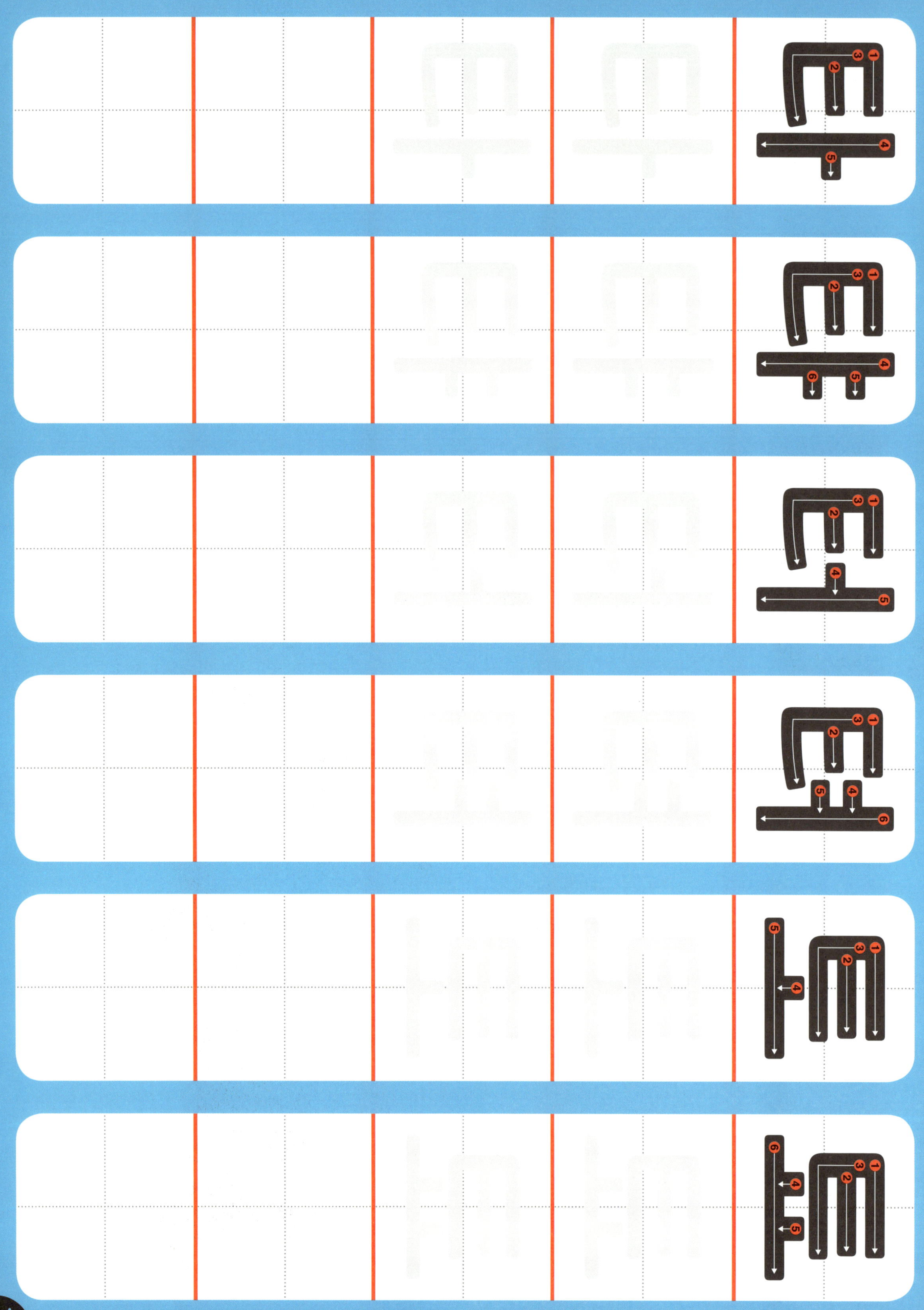

날지 못하는 타조는
긴 다리로 성큼성큼!

타 조

ㅌ
티읕

트럭

ㅌ
티읕
토 마 토
탱글탱글
토마토가
탐스럽게 열렸어요.

티 셔 츠

ㅌ 티읕

멋쟁이 **티셔츠**가
옷걸이에 나란히 걸려 있어요.

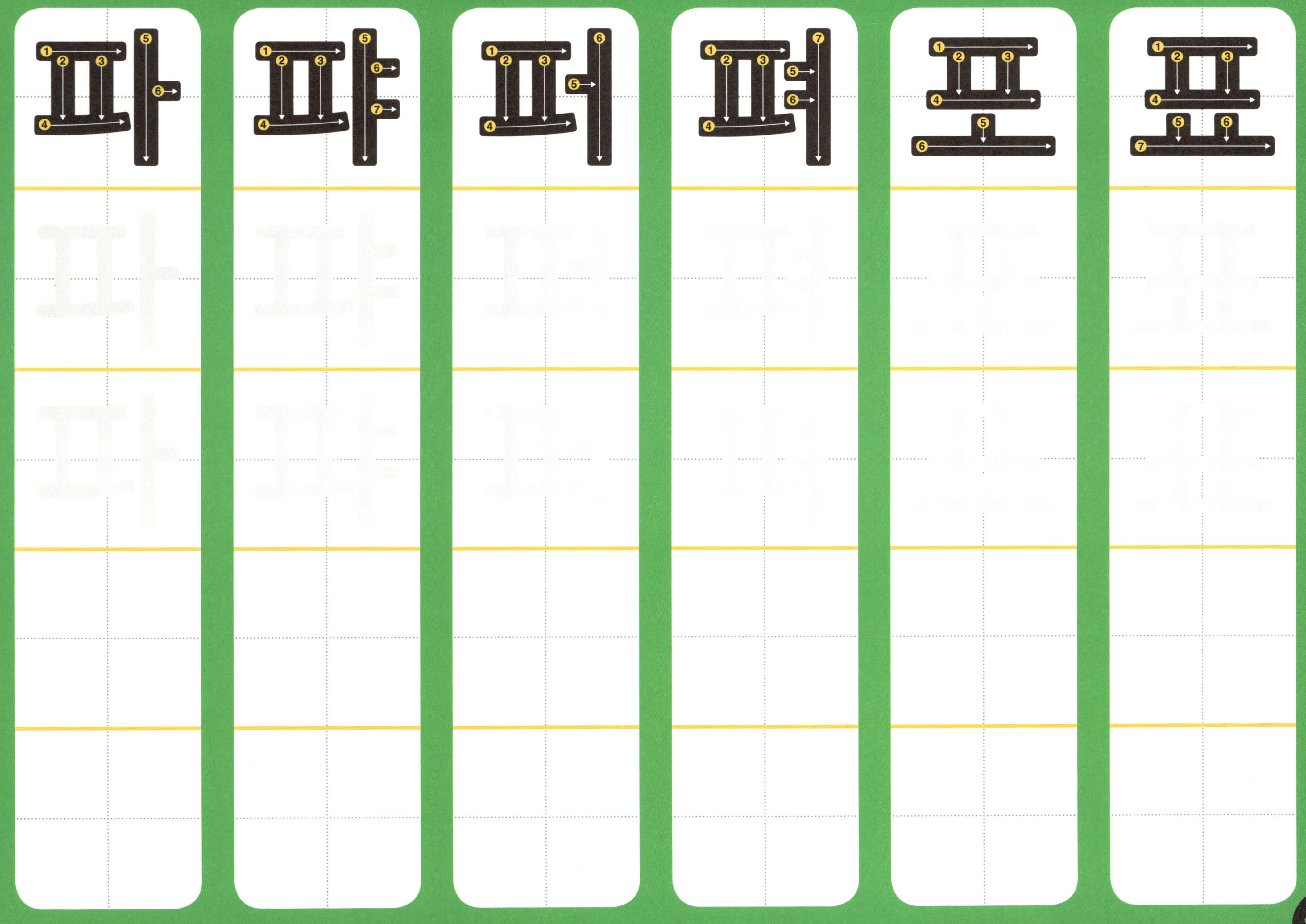
파
퍄
펴
폐
표
표

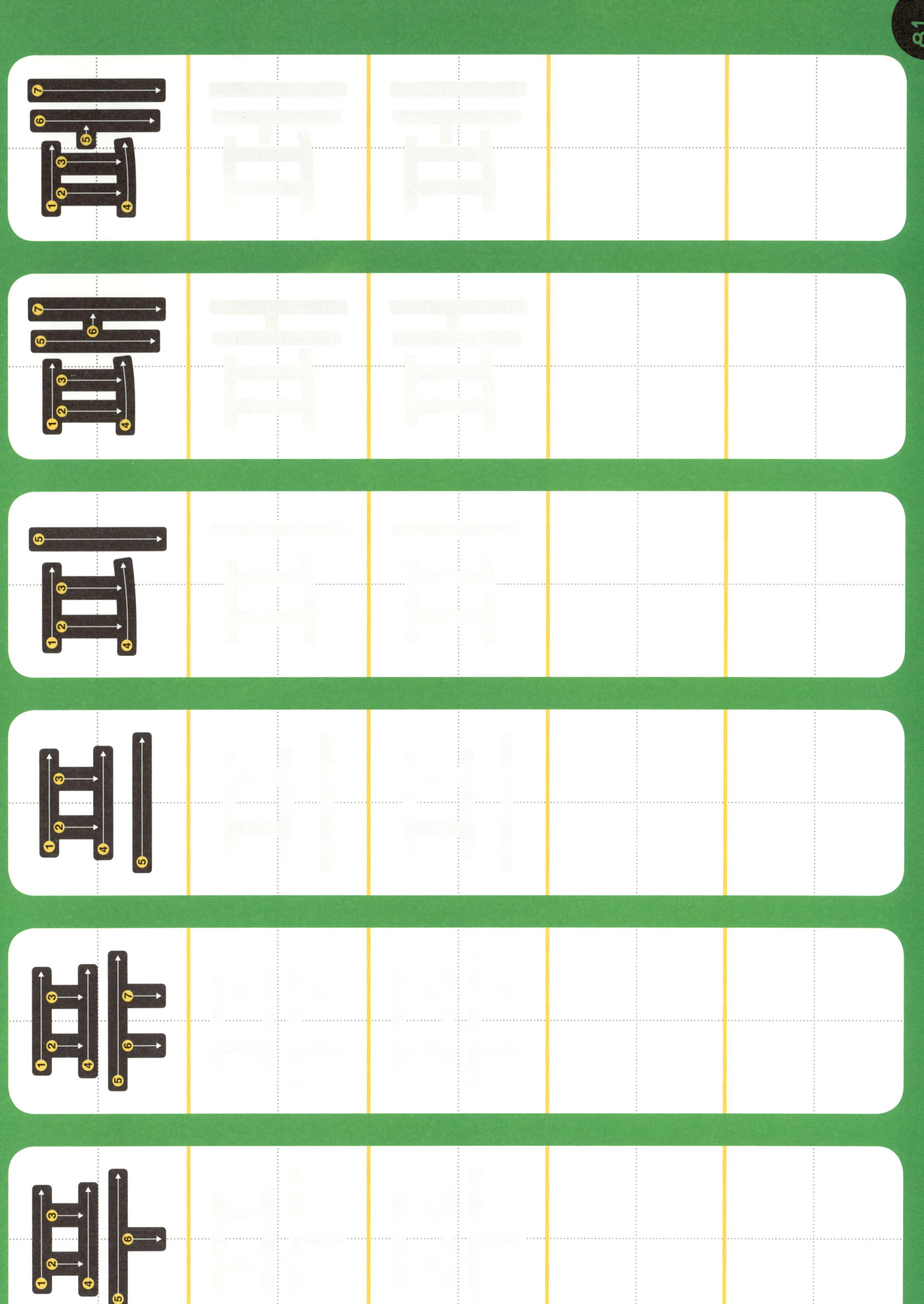

파리가 앵앵
자꾸 귀찮게 해요.
저리 가!

파 리

ㅍ
피읖

송알송알
보랏빛 **포도**가
참 먹음직스러워요.

포 도　포 도　포 도

커다란 **파라솔** 아래에서
뜨거운 햇빛을 피해요.

파 라 솔

피아노

ㅍ
피읖

아기 **하마**가 엄마 따라
물 마시러 왔어요.

하 마

딱딱한 껍질을 깨면
고소한 호두 알맹이가 쏙!

호두 호두 호두

어흥! 배고픈 호랑이가
먹이를 찾고 있어요.

호 랑 이

ㅎ 히읗

휴지통

휴지는 **휴지통**에
쏙 넣어 주세요.

ㄲ

꽃

꿀

ㄸ
쌍디귿

ㄸ

떨

떡

ㅃ
쌍비읍
빼
뿔
빵

ㅆ
쌍시옷
ㅉ
쌍지읒
쌀
짝

찾아보기